3 three

bear

swimsuit

flippers

fish

water

rucksack

nut

squirrel

4 four

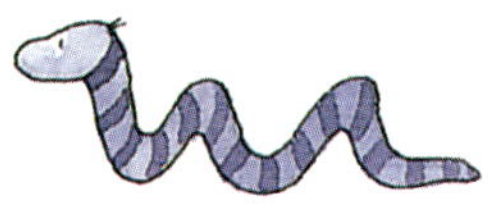

calendar

snail

tomato

lettuce

stars

radish

campfire

5 five

Bibliografische Information Der Deutschen Bibliothek

Die Deutsche Bibliothek verzeichnet diese Publikation in der Deutschen Nationalbibliografie; detaillierte bibliografische Daten sind im Internet über http://dnb.ddb.de abrufbar.

5 4 3 2 1 07 06 05 04

Sprachliche Beratung: Helen van Rensburg
Redaktion: Heike John, Ina Schumacher
Umschlaggestaltung: Eva Schindler
Produktion: Detlef Schuller, Katja Walter
ISBN 3-7607-4812-0

www.arsedition.de

Englisch lernen mit Nick und Nelly

Idee: Leonora Fröhlich-Ward
Text: Britta Delbrück und Petra Moschner
Illustrationen: Annet Rudolph

arsEdition

An alle, die Spaß daran haben, Kinder früh mit einer Fremdsprache vertraut zu machen!

Dieses Buch ist für Kinder ab dem Alter von 4 Jahren geschrieben worden. In diesem Alter fällt es ihnen besonders leicht, Fremdsprachen allein durch Hören und durch Nachsprechen zu lernen. Durch lebendiges Vorlesen und die Einbeziehung der Bilder helfen Sie Ihrem Kind, die Abenteuer von Nick und Nelly mitzuerleben.

Dabei kommt es überhaupt nicht darauf an, dass Ihr Kind jedes Wort versteht.

Im Vordergrund steht vielmehr der spielerische, ganzheitliche Umgang mit Sprache. Wir haben deshalb Wert darauf gelegt, Begriffe aus der Alltagssprache zu verwenden. Freuen Sie sich über die Neugier und das Interesse, das Ihr Kind der neuen Sprache entgegenbringt!

Auf einigen Seiten werden die kleinen Zuhörer durch Fragen aktiv in die Geschichte mit einbezogen. Seien Sie nicht enttäuscht, wenn Ihr Kind zunächst nur in seiner Muttersprache antwortet. Das ist ganz natürlich. Mithilfe der beiliegenden CD haben die Kinder die Möglichkeit, sich die Geschichte immer wieder, auch allein, anzuhören. Durch das wiederholte Hören werden sie wie selbstverständlich Teile der Geschichte nach- und mitsprechen und sich ganz nebenbei noch mehr Vokabeln einprägen.

Viel Spaß beim Englischlernen mit Nick und Nelly!

Hello!
My name is Henry. What's your name?
These are my friends. We have a lot of fun together.
Come and see what we are doing!

Let's go camping!

It's a warm and sunny morning. Nick and Nelly are having breakfast together.

Nick: What do you want to do today?
Nelly: Let's watch TV!
Nick: Oh, no! TV is boring!
Nelly: Let's go swimming!
Nick: No way! I don't like swimming.
Nelly: I have a good idea! Let's go camping!
Nick: Oh, yes! That's great! We'll invite Danny and Donald, too!
Nelly: Hurrah!

Nick and Nelly are packing their rucksack. They need a lot of things for camping.

Danny: Where is the ball?
Donald: And where is my sleeping bag?
Nelly: I'm looking for the tent.
Nick: And I'm looking for my pillow.

?

1. What's there on the sofa?
2. What's there in the rucksack?
3. Where is the camel?
4. Where is the hippo?

They put up the tent on the green grass. Oh, they are lucky! There is a small lake for swimming and fishing.

Nelly: Hey Nick, come in and play with us!
Nick: Okay! Oh, hello Henry! What are you doing here?
Henry: I like camping, too! What about a picnic?
Nick: Good idea! But let's tidy up first. Can you help us?

?

1. Show me the socks.
2. Can you see the ball?
3. Where are the sunglasses?
4. And where is the sun cream?

Phew, now the friends are really hungry.
It's time for a picnic.

Danny: Henry, do you like cheese?
Henry: No, I don't like cheese. I like the apple.
Donald: Nick, would you pass me the sandwich and the two tomatoes, please?
Nick: Here you are. Hey, can you see the bee?
Nelly: Ha, ha – I think she likes the apple.

What do **you** like to eat?

?

1. Do you like chocolate?
2. Do you like milk or lemonade?
3. Do you like jam or honey?
4. Do you like tomatoes?

Nick: Look, what's Henry doing now?
Nelly: He's looking for something.
Henry: Come and see!

What a surprise! There is a nice course for playing mini-golf.

Henry: Look!
Come on and let's play mini-golf.
Nelly: Ok, who's the first?

Nelly and Henry are playing mini-golf. Nick, Danny and Donald don't want to play. They are fishing in the lake.

Nelly: One....two....three...! Hurrah, the ball is in the hole!
Henry: Good! Now it's my turn!
One....two....three....four.... oooops!
Where is the ball?
Nelly: Look! It's over there. In the water.

Nick, Danny and Donald are waiting for a fish.
They don't see the ball in the water.

Nelly: Hey, Nick! Can you help us?
Nick: What has happened?
Donald: Oh, look! There is a ball in the water!
Nick: Okay, we'll try to catch it.

In the end they fished out a ball and a fish.

? How many balls can you find on these pages?

In the evening Nick, Nelly and Henry are sitting around the campfire.
The fish is frying over the fire.

Henry: We had a very nice day today.
Nelly: Yes, that's true. Why are you laughing, Nick?
Nick: Did you see me fall into the water?
Nelly: Yes, that was really funny. But now I'm hungry. I want to eat the fish.
Nick: Where are Danny and Donald?
Henry: They are tired.
Nelly: Oh yes. Look! They are already sleeping.

Now the friends are tired, too. Can you see them?
They are lying in their sleeping bags.

Henry: It was a good idea to go camping.
Nick: Yes, it was!
Nelly: Tomorrow I would like to go swimming.
Henry: Me too!
Nelly: And afterwards we can play with the ball.
Nick: That's great! Huuuah! Good night, everybody.
Nelly: Good night, Nick!

A visit to Henry Hedgehog

It's Friday morning. Nick and Danny want to visit Henry Hedgehog. He's ill.

Nelly: Here is a letter for Henry.
Donald: And take some nuts with you.
Henry likes nuts.
Nick: I put some apples and honey into my rucksack. Stop eating, Danny! We want to go.
Danny: Let's take the umbrella. It's a rainy day today.
Nelly: Be careful. It's stormy, too.
Danny: Hurrah! I like wind, wheee!
Nick: Bye, bye!

Look! The wind is really strong!
Danny and Nick are flying.

Danny: Can you see the market?
Nick: Yes, the bears and the stalls are so small.

? What do you do on a rainy day?

Suddenly the wind has stopped.

Danny: Whee. I'm flying like a bird.
Nick: Ouch, I'm flying like a bear. But bears can't fly.
Danny: Oh, look you are losing all the apples.

Nick and Danny are landing on the ground. What a surprise! There is Henry Hedgehog's house. He lives under the leaves.
But where is he?

Henry is looking out of his house.

Henry: Hello! Who's lying on my house?
Nick: Sorry, Henry! It's me, Nick! Danny and I want to visit you. How are you?
Henry: I'm fine. I feel better now.
Danny: We have got some apples, nuts and honey for you.
Henry: Mmmm! Tasty!

They spent a nice afternoon together.
Now it's time to go home.

Henry: It's late. I'm tired. I want to go to bed.
Nick: Yes, all right. Nelly and Donald are waiting.
Henry: Give this letter to Nelly. Thank you for your visit.
Nick: You're welcome! Good-bye, Henry and get well soon!
Henry: Good-bye, Nick and Danny.
Danny: Nick, I'm too tired to walk.
Nick: Come on. Jump into my rucksack. I carry you.

?

1. Show me Danny and Nick!
2. Where is the snail?
3. What is the snail eating?
4. Where is the squirrel?

It's raining again. Nelly and Donald are waiting for Nick and Danny to come home.

Nelly: Come in!
Nick: Hello, Nelly! Whew, I'm cold.
Here is a letter for you. It's from Henry.
He feels better now.
Nelly: That's good.
Danny: Hey, Donald, what did you do this afternoon?
Donald: Look at my picture! Do you like my giraffe?
Danny: Yes, it looks funny!
Nick: I'm so cold. Let's have a bath, Danny!
Danny: Okay, and then we can play pirates.

Be careful Nick!

Nick and Nelly wake up early. They're playing together.
Everyone is so excited!
Can you guess why?

Nelly: Oh look, Nick! It's snowing and snowing.
Everything is white.

Nick: My pillow is snowing, too!

Donald: Hurry up! I want to go outside!
Danny: Oh no, it's too cold.
Nelly: Come out of your toy-box! Get dressed!
Nick: Where are my trousers? Where is my scarf?

Can you help Nick?

?

1. Where are his green trousers?
2. Where is his green scarf?
3. Where is his blue pullover?

Nelly, Danny and Donald are having fun. They're building a big snowman.
But what is Nick doing? He's trying to ski.
Is he enjoying it? No, because he can't stop.
He is in trouble.

Nick: Help me! I can't stop!

Nelly: Look, he has fallen down!
Donald: Don't move. We'll help you!
Nick: Ouch, my leg hurts!
Nelly: Sit down on the sleigh! We'll bandage your leg and then I'll pull you home.
Donald: Wait, Nelly, I'll help you.
Danny: Hurray, it's great riding on a sleigh!

?

1. Who's wearing the green scarf?
2. Who's wearing the purple scarf?
3. Who's wearing the yellow scarf?
4. Who's wearing the red and yellow scarf?

In the afternoon they all are staying at home.
Nick's leg is better now. It doesn't hurt anymore.

Donald: Who wants a mug of tea?
Nelly: We all want some. It was so cold outside.
Donald: Here we are. This is for you, Nick and Nelly.
Nick: Thank you, Donald. Mmmm, it's tasty.
Nelly: Nick, pass me a ribbon, please! I'll make a surprise for you.

Donald: Do you like my picture? Look, it's a big black cat.
Nick: I like it very much. You're a good artist.
Donald: I'll give it to you!
Nick: You're my best friend. Thank you very much!

The rest of the afternoon they spend together in front of the fire-place.

? Where is the little mouse?

Waiting for Easter

On a sunny morning the friends are playing and working in Bunny's garden.

? Can you see where Bunny is?

Nick: Look, the bird is helping me to sow the seeds.
Nelly: What are you sowing?
Nick: Carrots, radish, lettuce and flowers.
Donald: Mmmm, radish! That sounds good!

Danny: What is Bunny doing? Why isn't he coming out of his house? I would like to play with him.

Nelly: Oh, don't you know? He's very busy. It'll soon be Easter. He's painting some eggs.

Danny: Oh, I see. Can we help him?

Nick: No, I don't think so. His friend is already helping him.

Danny: Okay, I understand. So I'll wait for him. I want to play with him.

In the afternoon the bunnies come out of the house.

Bunny: Look, the eggs are ready! Do you like them?
Donald: Oh, I would like to have the orange and the yellow one.
Bunny: I'm sorry, I can't give them to you. But you can help us to hide them in the garden.
Nelly: Oh, yes! What a good idea! I'd like to help you, too! That's fun!
Nick: We all want to help you! Let's go!

Now you can see all the friends are helping the bunnies. They're looking for nice places to hide the eggs. Where are they hiding them?

?

1. How many eggs can you see?
2. Show me the blue egg!
3. Show me the yellow egg!
4. Show me the red egg!
5. Show me the blue egg with the white stripes!
6. Can you find the little bird?

Now you have heard a lot about the adventures of Nick and Nelly and their friends.
Do you remember any words or adventures?

Nick: Look, the sun is shining!

Danny: I really enjoyed sleeping in a sleeping bag.

Nick: Do you remember our visit to Henry Hedgehog's house?

Henry: Nick, is your leg better now?

Answers

Page 9
1. It's a pillow.
2. It's a little bird.
3. The camel is on the picture at the wall.
4. The hippo is on Nelly's pullover.

Page 10
1. One sock is hanging on the clothes-line. The other sock is lying on the grass.
2. The ball is lying behind the tent.
3. The sunglasses are lying on the mat.
4. The sun cream is in the rucksack.

Page 11
1. Yes, I do. / No, I don't.
2. I like milk. / I like lemonade.
3. I like jam. / I like honey.
4. I like tomatoes. / No, I don't like tomatoes.

Page 13
You can find four balls: one ball on the left and three balls on the right page.

Page 20
1. Nick and Danny are on the right side of this page.
2. The snail is on the left side of this page.
3. The snail is eating an apple.
4. The squirrel is standing next to an apple.

Page 23
1. The green trousers are lying under the bed.
2. The green scarf is lying in the wardrobe.
3. The blue pullover is lying in the wardrobe, too.

Page 25
1. Nick is wearing the green scarf.
2. Nelly is wearing the purple scarf.
3. Danny is wearing the yellow scarf.
4. Donald is wearing the red and yellow scarf.

Page 27
The little mouse is standing behind the window.

Page 28
Bunny is in his house.

Page 31
1. You can find fifteen eggs: eight eggs on the left and seven eggs on the right page.
2. The blue egg is in the basket on the right page.
3. The yellow egg is at the tree on the right page.
4. The red egg is lying next to Nick.
5. The blue egg with the white stripes is lying between the lettuce and the radish.
6. The little bird is in Bunny's house.

Antworten

Seite 9
1. Es ist ein Kissen.
2. Es ist ein kleiner Vogel.
3. Das Kamel ist auf dem Bild an der Wand.
4. Das Nilpferd ist auf Nellys Pullover.

Seite 10
1. Eine Socke hängt an der Wäscheleine. Die andere Socke liegt im Gras.
2. Der Ball liegt hinter dem Zelt.
3. Die Sonnenbrille liegt auf der Matte.
4. Die Sonnencreme ist im Rucksack.

Seite 11
1. Ja, mag ich. / Nein, mag ich nicht.
2. Ich mag Milch. / Ich mag Limonade.
3. Ich mag Marmelade. / Ich mag Honig.
4. Ich mag Tomaten. / Nein, ich mag keine Tomaten.

Seite 13
Du kannst vier Bälle finden: Ein Ball ist auf der linken und drei Bälle sind auf der rechten Seite.

Seite 20
1. Nick und Danny sind rechts auf der Seite.
2. Die Schnecke ist links auf der Seite.
3. Die Schnecke isst einen Apfel.
4. Das Eichhörnchen steht neben einem Apfel.

Seite 23
1. Die grüne Hose liegt unter dem Bett.
2. Der grüne Schal liegt im Kleiderschrank.
3. Der blaue Pullover liegt auch im Kleiderschrank.

Seite 25
1. Nick trägt den grünen Schal.
2. Nelly trägt den lila Schal.
3. Danny trägt den gelben Schal.
4. Donald trägt den rot-gelben Schal.

Seite 27
Die kleine Maus steht hinter dem Fenster.

Seite 28
Der Hase ist in seinem Haus.

Seite 31
1. Du kannst fünfzehn Eier finden: Acht Eier sind auf der linken und sieben Eier auf der rechten Seite.
2. Das blaue Ei ist in dem Korb auf der rechten Seite.
3. Das gelbe Ei liegt am Baum auf der rechten Seite.
4. Das rote Ei liegt neben Nick.
5. Das blaue Ei mit den weißen Streifen liegt zwischen dem Salat und den Radieschen.
6. Der kleine Vogel ist im Haus vom Hasen.

Übersetzungen

Seite 7
Hallo!
Mein Name ist Henry. Wie heißt du?
Das sind meine Freunde. Wir haben eine Menge Spaß zusammen.
Komm und schau, was wir machen!

Seite 8
Lass uns zelten gehen!

Es ist ein warmer und sonniger Morgen. Nick und Nelly frühstücken zusammen.

Nick: Was möchtest du heute tun?
Nelly: Lass uns fernsehen!
Nick: Oh, nein! Fernsehen ist langweilig!
Nelly: Lass uns schwimmen gehen!
Nick: Bloß nicht! Ich mag nicht schwimmen.
Nelly: Ich habe eine gute Idee! Lass uns zelten gehen!
Nick: Oh, ja! Das ist großartig! Wir laden Danny und Donald auch ein!
Nelly: Hurra!

Seite 9
Nick und Nelly packen ihren Rucksack. Sie brauchen eine Menge Sachen zum Zelten.

Danny: Wo ist der Ball?
Donald: Und wo ist mein Schlafsack?
Nelly: Ich sehe mich nach dem Zelt um.
Nick: Und ich schaue nach meinem Kissen.

1. Was ist da auf dem Sofa?
2. Was ist da im Rucksack?
3. Wo ist das Kamel?
4. Wo ist das Nilpferd?

Seite 10
Sie bauen das Zelt auf dem grünen Gras auf. Oh, sie haben Glück! Da ist ein kleiner See zum Schwimmen und Fischen.
Nelly: Hey, Nick, komm und spiel mit uns!
Nick: Okay! Oh, hallo Henry! Was machst du hier?
Henry: Ich mag auch Zelten! Was ist mit einem Picknick?
Nick: Gute Idee! Aber lasst uns erst aufräumen. Kannst du uns helfen?

1. Zeig mir die Socken.
2. Kannst du den Ball sehen?
3. Wo ist die Sonnenbrille?
4. Und wo ist die Sonnencreme?

Seite 11
Puuh, jetzt sind die Freunde wirklich hungrig.
Es ist Zeit für ein Picknick.

Danny: Henry, magst du Käse?
Henry: Nein, ich mag keinen Käse. Ich mag den Apfel.
Donald: Nick, würdest du mir bitte das belegte Brot und die zwei Tomaten herübergeben?
Nick: Hier. Hey, siehst du die Biene?
Nelly: Ha, ha – ich glaube, sie mag den Apfel.

Was isst du gerne?

1. Magst du Schokolade?
2. Magst du Milch oder Limonade?
3. Magst du Marmelade oder Honig?
4. Magst du Tomaten?

Nick: Schau, was macht Henry jetzt?
Nelly: Er sieht etwas.
Henry: Kommt und seht euch das mal an!

Seite 12
Was für eine Überraschung! Da ist ein schöner Minigolfplatz.

Henry: Seht!
Los, lasst uns Minigolf spielen.
Nelly: O. k., wer fängt an?

Nelly und Henry spielen Minigolf. Nick, Danny und Donald möchten nicht spielen. Sie fischen im See.

Nelly: Eins ... zwei ... drei ...! Hurra, der Ball ist im Loch!
Henry: Gut! Jetzt bin ich dran!
Eins ... zwei ... drei ... vier ... uuups!
Wo ist der Ball?
Nelly: Schau! Da hinten. Im Wasser.

Seite 13
Nick, Danny und Donald warten auf einen Fisch. Sie sehen den Ball im Wasser nicht.

Nelly: Hey, Nick! Kannst du uns helfen?
Nick: Was ist passiert?
Donald: Oh, schau mal! Da ist ein Ball im Wasser!
Nick: In Ordnung, wir versuchen ihn zu holen.

Am Ende haben sie einen Ball und einen Fisch herausgefischt.

Wie viele Bälle findest du auf diesen Seiten?

Seite 14
Am Abend sitzen Nick, Nelly und Henry um das Lagerfeuer.
Der Fisch brutzelt auf dem Feuer.

Henry: Wir hatten einen schönen Tag heute.
Nelly: Ja, das stimmt. Warum lachst du, Nick?
Nick: Habt ihr gesehen, wie ich ins Wasser gefallen bin?
Nelly: Ja, das war wirklich lustig. Aber jetzt bin ich hungrig. Ich möchte den Fisch essen.
Nick: Wo sind Danny und Donald?
Henry: Sie sind müde.
Nelly: Oh ja. Seht! Sie schlafen schon.

Seite 15
Nun sind die Freunde auch müde. Kannst du sie sehen?
Sie liegen in ihren Schlafsäcken.

Henry: Es war eine gute Idee, zelten zu gehen.
Nick: Ja, das war es!
Nelly: Morgen möchte ich gerne schwimmen gehen.
Henry: Ich auch!
Nelly: Und nachher können wir mit dem Ball spielen.
Nick: Das ist toll! Huuuah! Gute Nacht, alle zusammen.
Nelly: Gute Nacht, Nick!

Seite 16
Ein Besuch bei Henry, dem Igel

Es ist Freitagmorgen. Nick und Danny wollen Henry, den Igel, besuchen. Er ist krank.

Nelly: Hier ist ein Brief für Henry.
Donald: Und nehmt ein paar Nüsse mit.
Henry mag Nüsse.
Nick: Ich packe Äpfel und Honig in meinen Rucksack. Hör auf zu essen, Danny!
Wir wollen gehen.
Danny: Wir nehmen einen Regenschirm mit.
Es ist ein regnerischer Tag heute.
Nelly: Seid vorsichtig. Es ist auch stürmisch.
Danny: Hurra, ich mag den Wind, uiiiiiiii!
Nick: Auf Wiedersehen!

Seite 17
Schau! Der Wind ist wirklich stark!
Danny und Nick fliegen.

Danny: Kannst du den Markt sehen?
Nick: Ja, die Bären und die Marktstände sind so klein.

Was machst du an einem Regentag?

Seite 18
Plötzlich hat der Wind aufgehört.

Danny: Uiii. Ich fliege wie ein Vogel.
Nick: Huch, ich fliege wie ein Bär. Aber Bären können nicht fliegen.
Danny: Oh, pass auf, du verlierst alle Äpfel.

Nick und Danny landen auf dem Boden. Was für eine Überraschung! Da ist das Haus von Henry, dem Igel. Er lebt unter den Blättern. Aber wo ist er?

Seite 19
Henry schaut aus seinem Haus.

Henry: Hallo! Wer liegt da auf meinem Haus?
Nick: Tut mir Leid, Henry! Ich bin es, Nick! Danny und ich wollen dich besuchen. Wie geht es dir?
Henry: Mir geht es gut. Ich fühle mich jetzt besser.
Danny: Wir haben Äpfel, Nüsse und Honig für dich.
Henry: Mmmhh! Lecker!

Seite 20
Sie haben einen schönen Nachmittag zusammen verbracht. Jetzt ist es Zeit, nach Hause zu gehen.

Henry: Es ist spät. Ich bin müde. Ich möchte ins Bett gehen.
Nick: Ja, in Ordnung. Nelly und Donald warten.
Henry: Gebt Nelly diesen Brief. Vielen Dank für euren Besuch.
Nick: Gern geschehen! Auf Wiedersehen, Henry, und gute Besserung!
Henry: Auf Wiedersehen, Nick und Danny.

Danny: Nick, ich bin zu müde zum Laufen.
Nick: Los komm. Spring in meinen Rucksack. Ich trage dich.

1. Zeig mir Danny und Nick!
2. Wo ist die Schnecke?
3. Was isst die Schnecke?
4. Wo ist das Eichhörnchen?

Seite 21
Es regnet wieder. Nelly und Donald warten darauf, dass Nick und Danny nach Hause kommen.

Nelly: Kommt herein!
Nick: Hallo, Nelly! Uiii, mir ist kalt. Hier ist ein Brief für dich. Er ist von Henry. Er fühlt sich jetzt besser.
Nelly: Das ist gut.
Danny: Hey, Donald, was hast du heute Nachmittag gemacht?
Donald: Schau dir mein Bild an! Gefällt dir meine Giraffe?
Danny: Ja, sie sieht lustig aus!
Nick: Mir ist so kalt. Lass uns ein Bad nehmen, Danny!
Danny: In Ordnung, und dann können wir Piraten spielen.

Seite 22
Sei vorsichtig, Nick!

Nick und Nelly wachen früh auf. Sie spielen zusammen. Alle sind so aufgeregt!
Weißt du, warum?

Nelly: Oh, schau, Nick! Es schneit und schneit. Alles ist weiß.
Nick: Mein Kissen schneit auch!

Seite 23

Donald: Beeilt euch! Ich möchte nach draußen gehen!
Danny: Oh nein, es ist zu kalt.
Nelly: Komm aus deiner Spielzeugkiste raus! Zieh dich an!
Nick: Wo ist meine Hose? Wo ist mein Schal?

Kannst du Nick helfen?

1. Wo ist seine grüne Hose?
2. Wo ist sein grüner Schal?
3. Wo ist sein blauer Pullover?

Seite 24

Nelly, Danny und Donald haben Spaß. Sie bauen eine großen Schneemann.
Aber was macht Nick? Er versucht Ski zu fahren. Macht es ihm Spaß? Nein, weil er nicht bremsen kann. Er hat Schwierigkeiten.

Nick: Helft mir! Ich kann nicht bremsen!

Seite 25

Nelly: Seht, er ist hingefallen!
Donald: Beweg dich nicht. Wir helfen dir!
Nick: Au, mein Bein tut weh!
Nelly: Setz dich auf den Schlitten! Wir verbinden dein Bein und dann ziehe ich dich nach Hause.
Donald: Warte, Nelly, ich helfe dir.
Danny: Hurra, es ist toll, mit dem Schlitten zu fahren!

1. Wer trägt den grünen Schal?
2. Wer trägt den lila Schal?
3. Wer trägt den gelben Schal?
4. Wer trägt den rot-gelben Schal?

Seite 26

Am Nachmittag bleiben sie alle zu Hause.
Nicks Bein geht es jetzt besser. Es tut nicht mehr weh.

Donald: Wer möchte eine Tasse Tee?
Nelly: Wir möchten alle etwas. Es war so kalt draußen.
Donald: Hier ist er. Das ist für euch, Nick und Nelly.
Nick: Danke, Donald. Mmmhh, das ist lecker.
Nelly: Nick, gib mir bitte ein Band. Ich mache eine Überraschung für dich.

Seite 27

Donald: Gefällt euch mein Bild? Seht, es ist eine schwarze Katze.
Nick: Ich mag es sehr gern. Du bist ein guter Künstler.
Donald: Ich schenke es dir!
Nick: Du bist mein bester Freund. Vielen Dank!

Den Rest des Nachmittags verbringen sie zusammen vor dem Kamin.

Wo ist die kleine Maus?

Seite 28

Warten auf Ostern

An einem sonnigen Morgen spielen und arbeiten die Freunde in Bunnys Garten.

Siehst du, wo Bunny ist?

Nick: Schau, der Vogel hilft mir die Samen zu säen.
Nelly: Was säst du?
Nick: Möhren, Radieschen, Salat und Blumen.
Donald: Mmmhh, Radieschen. Das klingt gut!

Seite 29

Danny: Was macht Bunny? Warum kommt er nicht aus seinem Haus? Ich möchte gerne mit ihm spielen.

Nelly: Oh, weißt du das nicht? Er ist sehr beschäftigt. Bald ist Ostern. Er bemalt Eier.

Danny: Oh, ich verstehe. Können wir ihm helfen?

Nick: Nein, ich glaube nicht. Sein Freund hilft ihm schon.

Danny: In Ordnung, ich verstehe. Also warte ich auf ihn. Ich möchte mit ihm spielen.

Seite 30

Am Nachmittag kommen die Hasen aus dem Haus.

Bunny: Seht, die Eier sind fertig! Gefallen sie euch?

Donald: Oh, ich möchte gerne das orange und das gelbe.

Bunny: Es tut mir Leid. Ich kann sie dir nicht geben. Aber du kannst uns helfen sie im Garten zu verstecken.

Nelly: Oh, ja. Was für eine gute Idee. Ich möchte dir auch helfen! Das macht Spaß!

Nick: Wir wollen euch alle helfen! Lasst uns anfangen.

Seite 31

Jetzt siehst du alle Freunde, die den Hasen helfen. Sie suchen nach schönen Plätzen, um die Eier zu verstecken. Wo verstecken sie sie?

1. Wie viele Eier siehst du?
2. Zeig mir das blaue Ei!
3. Zeig mir das gelbe Ei!
4. Zeig mir das rote Ei!
5. Zeig mir das blaue Ei mit den weißen Streifen!
6. Kannst du den kleinen Vogel finden?

Seite 32

Jetzt hast du eine Menge über die Abenteuer von Nick und Nelly und ihren Freunden gehört. Erinnerst du dich an einige Wörter oder Abenteuer?

Nick: Seht, die Sonne scheint!

Danny: Es hat mir wirklich Spaß gemacht, im Schlafsack zu schlafen.

Seite 33

Nick: Erinnert ihr euch an den Besuch bei Henry, dem Igel?

Henry: Nick, geht es deinem Bein jetzt besser?

Wörterverzeichnis

A

a	ein, eine
a lot of fun	viel Spaß
the adventure	das Abenteuer
the afternoon	der Nachmittag
afterwards	später
again	wieder
all right	in Ordnung
already	schon
am, I am / I'm	bin, ich bin
and	und
the anorak	der Anorak
anymore	nicht mehr
the apple	der Apfel
are	bist, sind, seid
the arm	der Arm
around	um, herum
the artist	der Künstler

B

the ball	der Ball
to bandage	verbinden
the basket	der Korb
to bath	baden
to be	sein
the bean	die Bohne
the bear	der Bär
because	weil
the bed	das Bett
the bee	die Biene
behind	hinter
better	besser
big	groß
the bird	der Vogel
blue	blau
the book	das Buch
the boots	die Stiefel
to be boring	langweilig sein
the bowl	die Schale, die Schüssel
the box	die Dose
the boy	der Junge
the branch	der Ast, der Zweig
the breakfast	das Frühstück
the bucket	der Eimer
to build	bauen
the bunny	der Hase
the bunnies (Mehrzahl)	die Hasen (Mehrzahl)
the bush	der Busch
busy	fleißig
the butter	die Butter

C

the calendar	der Kalender
the camel	Kamel
the campfire	das Lagerfeuer
can	können
the car	das Auto
careful	vorsichtig
to be careful	vorsichtig sein
the carpet	der Teppich
the carrot	die Möhre, die Karotte
to carry	tragen
the cat	die Katze
to catch	fangen
the chair	der Stuhl
the cheese	der Käse
the chocolate	die Schokolade
the church	die Kirche
the clothes-line	die Wäscheleine
the cloud	die Wolke
cold	kalt
to come	kommen
to come in	hereinkommen
Come on!	Komm schon!
to cook	kochen
the couch	das Sofa
the course	der (Minigolf-)Platz
the cupboard	das Regal

D

to do	tun
the door	die Tür
down	herunter, nach unten
the drawer	die Schublade

E

the Easter	das Ostern
the easter egg	das Osterei
to eat	essen

the egg	das Ei
eight	acht
to enjoy	genießen, gut finden
the evening	der Abend
everyone	jeder
to be excited	aufgeregt sein
the eye	das Auge

F

to fall down	hinunterfallen, hinfallen
to fall into	hineinfallen
the feather	die Feder
to feel	fühlen
fifteen	fünfzehn
to find	finden
the finger	der Finger
the fire	das Feuer
the fire-place	der Kamin
first	zuerst, erster
the fish	der Fisch
to fish	fischen, angeln
to fish out	herausfischen
the fishing rod	die Angel
five	fünf
the flippers	die Schwimmflossen
the flower	die Blume
to fly	fliegen
the foot	der Fuß
for	für
the fork	die Gabel
four	vier
the friends	die Freunde
the fruit	die Frucht, das Obst
to fry	braten
the fun	der Spaß
funny	lustig

G

the garden	der Garten
to get dressed	sich anziehen
to get well	gesund werden
the giraffe	die Giraffe
the girl	das Mädchen
to give	geben
the glove	der Handschuh
to go camping	zelten gehen, campen
to go	gehen
the goggles	die Taucherbrille, die Schwimmbrille
good	gut
the grass	das Gras
great	großartig
green	grün
the ground	der Boden
to guess	vermuten, raten

H

the hammock	die Hängematte
the hand	die Hand
to hang	hängen
to happen	passieren
the hat	der Hut
to have	haben
to have a bath	baden
the head	der Kopf
the headband	das Stirnband
to hear	hören
the hedgehog	der Igel
hello	hallo
to help	helfen
here	hier
to hide	verstecken
him	ihm, ihn
the hippo	das Nilpferd
the hole	das Loch
the home	das Heim, das Zuhause
the honey	der Honig
the house	das Haus
how many	wie viel, wie viele
hungry	hungrig
to hurry up	sich beeilen
to hurt	schmerzen

I

I don't like to ...	Ich möchte nicht ...
I'm fine!	Mir geht es gut!
the idea	die Idee
ill	krank
I'm sorry!	Tut mir Leid!
in front of	vor
in the end	am Ende, zum Schluss
to invite	einladen

is	ist
It's my turn!	Ich bin dran!
It's time to ...	Es ist Zeit ...

J

the jacket	die Jacke
the jam	die Marmelade
to jump into	hineinspringen

K

the knife	das Messer
to know	wissen

L

the ladder	die Leiter
the lake	der See
to land	landen
late	spät
to laugh	lachen
the leaf	das Blatt
the leaves (Mehrzahl)	die Blätter (Mehrzahl)
left	links
the leg	das Bein
the lemon	die Zitrone
the lemonade	die Limonade
to let	lassen
Let's go!	Lass uns gehen!
the letter	der Brief
the lettuce	der Blattsalat
to like	mögen
the lion	der Löwe
to live	leben
to look	gucken, schauen
to look at	ansehen
to look for	suchen
to look out of	herausgucken
to lose	verlieren
to be lucky	Glück haben
to lie	liegen

M

the market	der Markt
the mat	die Matte
me	mich, mir
the milk	die Milch
the moon	der Mond
the morning	der Morgen
the mouse	die Maus
to move	bewegen
the mug	der Becher
my	mein(-e, -er)

N

the nail	der Nagel
the name	der Name
to need	benötigen
the nest	das Nest
next	nächste(-r, -s)
nice	nett, schön
nine	neun
no	nein
No way!	Auf keinen Fall!
the nose	die Nase
now	nun, jetzt
the nut	die Nuss

O

on	auf
one	eins
outside	draußen
over	über, drüber
over there	dort drüben

P

to pack	packen
the page	die Seite
to paint	malen
the paintbox	der Farbkasten
the paintbrush	der Pinsel
the pan	die Pfanne
the pants	die kurzen Hosen
to pass	geben
the pencil	der Stift
Phew!	Puuh!
the picnic	das Picknick
the picture	das Bild
the pillow	das Kissen
the pirate	der Pirat
the place	der Platz
to play	spielen
please	bitte
the polar bear	der Eisbär
to pull	ziehen
the pullover	der Pullover

the pumpkin	der Kürbis
purple	lila
to put up	aufstellen
the pyjama	der Pyjama, der Schlafanzug

R

the radish	das Radieschen
the rain	der Regen
It´s a rainy day.	Es ist ein regnerischer Tag.
ready	fertig
really	wirklich
red	rot
to remember	erinnern, sich erinnern
the ribbon	das Geschenkband
to ride on ...	fahren auf ...
to ride on a sleigh	Schlitten fahren
right	rechts
to roast	braten, brutzeln
the rucksack	der Rucksack

S

the salt	das Salz
the sandwich	das Sandwich
the sausages	die Würstchen
the scarf	der Schal
the scissors	die Schere
to see	sehen
the seeds	die Samen
seven	sieben
to shine	scheinen
the shoe	der Schuh
to show	zeigen
to sit down	sich setzen
to sit	sitzen
six	sechs
the ski	der Ski
to ski	Ski fahren
to sleep	schlafen
the sleeping bag	der Schlafsack
the sleigh	der Schlitten
the slipper	der Hausschuh
small	klein
the snail	die Schnecke
the snake	die Schlange
the snow flake	die Schneeflocke
to snow	schneien
the snowman	der Schneemann
the sock	die Socke
the sofa	das Sofa
something	etwas
soon	bald
to sound	klingen
to sow	säen
the spade	der Spaten
to spend	verbringen
the spoon	der Löffel
the squirrel	das Eichhörnchen
the stall	der Marktstand
to stand	stehen
the star	der Stern
to stay	sich aufhalten
the stick	der Stock, der Skistock
the stone	der Stein
to stop	stoppen
stormy	stürmisch
the stripe	der Streifen
strong	stark
suddenly	plötzlich
the sun	die Sonne
the sun cream	die Sonnencreme
the sunglasses	die Sonnenbrille
sunny	sonnig
the surprise	die Überraschung
to swim	schwimmen
the swimsuit	der Badeanzug
the swing	die Schaukel

T

the table	der Tisch
tasty	lecker
the teapot	die Teekanne
the	der, die, das
ten	zehn
the tent	das Zelt
thank you very much	vielen Dank
their	ihr(-e)
them	ihnen
these	diese
they (Mehrzahl)	sie (Mehrzahl)
the thing	das Ding
this	dies

three	drei
to tidy up	aufräumen
to be tired	müde sein
today	heute
together	zusammen
the tomato	die Tomate
the tomatoes (Mehrzahl)	die Tomaten (Mehrzahl)
tomorrow	morgen
too	auch
the towel	das Handtuch
the toy-box	die Spielzeugkiste
the tree	der Baum
the trouble	Ärger
to be in trouble	Schwierigkeiten haben
the trousers	die Hosen
true	wahr
to try	ausprobieren, probieren
the tube	die Tube
two	zwei

U

the umbrella	der Regenschirm
under	unter
to understand	verstehen
us	uns

V

the visit	der Besuch
to visit	besuchen

W

to wait for ...	warten auf ...
to wake up	aufwachen
to walk	spazieren gehen
to want	wünschen, wollen
the wardrobe	der Kleiderschrank
warm	warm
to watch	angucken, beobachten
the water	das Wasser
we	wir
to wear	anhaben, tragen
well	gut
what	was
What about ...	Was ist mit ...
What has happened?	Was ist passiert?
What's your name?	Wie heißt du?
where	wo
white	weiß
why	warum
will	werden, wollen
the wind	der Wind
with	mit
the word	das Wort
to work	arbeiten
would	würde

Y

yellow	gelb
yes	ja
you	du
You're welcome!	Gern geschehen!

CD-Inhalt

1. Einleitung
2. Kapitel 1: Let's go camping! S. 8
3. Vokabeln S. 7–9
4. Text S. 10–11
5. Vokabeln S. 10–11
6. Text S. 12–13
7. Vokabeln S. 12–13
8. Text S. 14–15
9. Vokabeln S. 14–15
10. Kapitel 2: A visit to Henry Hedgehog S. 16
11. Vokabeln S. 16–17
12. Text S. 18–19
13. Vokabeln S. 18–19
14. Text S. 20
15. Text S. 21
16. Vokabeln S. 20–21
17. Kapitel 3: Be careful Nick S. 22
18. Vokabeln S. 22–23
19. Text S. 24–25
20. Vokabeln S. 24–25
21. Text S. 26–27
22. Vokabeln S. 26–27
23. Kapitel 4: Waiting for Easter S. 28
24. Vokabeln S. 28–32
25. Text S. 30–33
26. Questions and Answers S. 34

27–49. Vokabeln von A bis Z S. 40–44

Gesamtspielzeit: ca. 70 Minuten

Die Mitwirkenden

Sprecher:
Wolfgang Häntsch (Deutsche Moderation)
Rebecca Stodiek (Englische Moderation)
Tina Kennedy · Noel Kennedy · Stephen Hemming
Dieter Moirano · Franziska Lotz

Musiker:
Stephan Hoppe (Akkordeon, Saxophon) · Matthias Philipzen (Schlagzeug, Percussion)
Thomas Lotz (Gitarren, Keyboards) · Tontechnik und Schnitt: Jasper Diederich
Musik, Regie, Gesamtproduktion: Thomas Lotz

rain
umbrella
leaves
anorak
grass

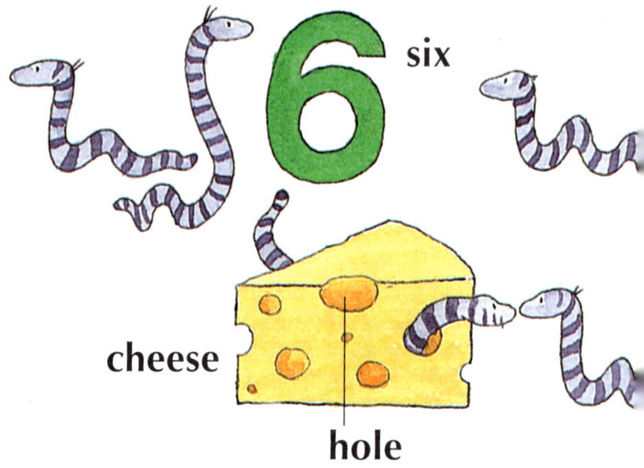
6
six
cheese
hole

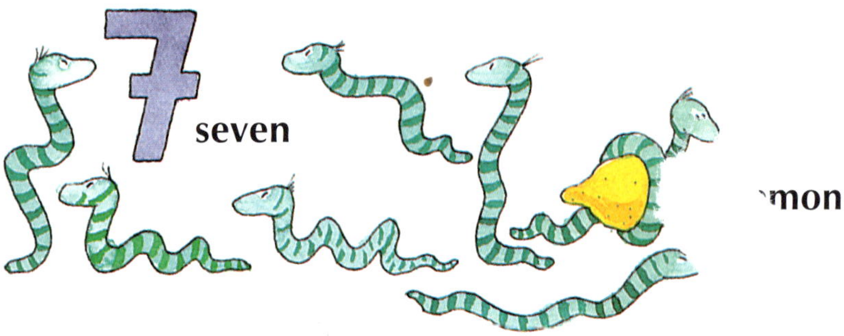
7
seven
mon

nose
hand
arm
trouse
girl

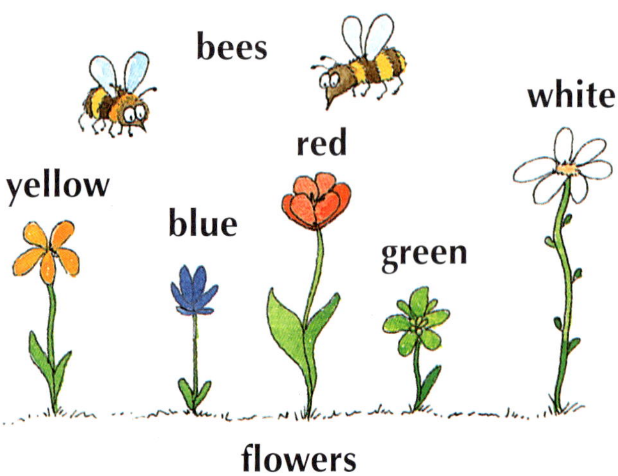
bees
white
red
yellow
blue
green
flowers

bush
tree
house

8
eight

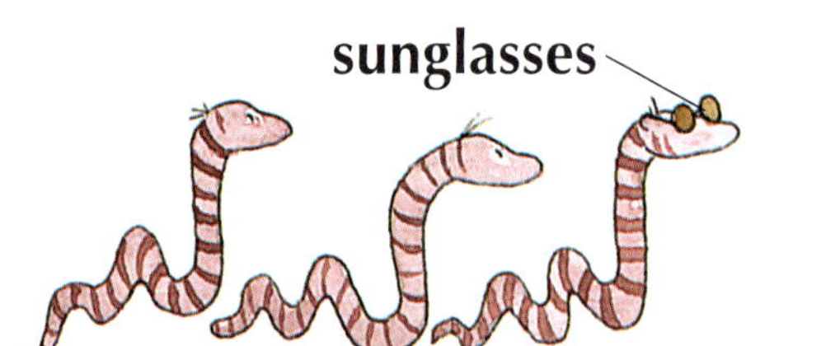
sunglasses